Ihr könnt mich ALLE MAL!

DAS FRECHE ANTI-STRESS-GESCHENKBUCH FÜR FRAUEN VOLLER HUMOR, HERZ & KLEINEN AUSZEITEN ZUM ABSCHALTEN

Ihr könnt mich ALLE MAL!

DAS FRECHE ANTI-STRESS-GESCHENKBUCH FÜR FRAUEN VOLLER HUMOR, HERZ & KLEINEN AUSZEITEN ZUM ABSCHALTEN

IMPRESSUM

ISBN: 9789403838090
LAYOUT: FEZARENÇ VARAN, ELISABETH ZWISCHENBERGER
BUCHUMSCHLAG: SOLIMAR HERRERA, DAGMARA BAER
TEXT: FANNY SAUER

KONTAKT:
LOVELYPUBLI GMBH
MICHAELKIRCHPLATZ 1
10179 BERLIN

VERLAGSPORTAL: BOOKMUNDO

Willkommen

im Wahnsinn.

Schön, dass du da bist.

Dies ist kein Ratgeber. Kein Selbstoptimierungsratgeber. Kein Achtsamkeitsjournal mit goldener Spiralbindung und floraler Energie.

Dies hier ist dein persönlicher Spielplatz für schlechte Tage, genervte Momente, absurde Gedanken – und alles dazwischen.

Hier darfst du:

- Sinnloses Wissen aufsaugen, das du nie brauchen wirst
- Über flache Witze lachen (oder entnervt die Augen rollen).
- Rätseln, blättern, kritzeln, ankreuzen, ausrasten, zerstören.
- Seiten füllen mit ironischer Dankbarkeit, kreativer Frustration und brillanter Sinnlosigkeit.
- Alles rauslassen, was du sonst immer runterschluckst.

Dieses Buch ist interaktiv.
Es macht keinen besseren Menschen aus dir – aber vielleicht einen besser gelaunten.
Also: Mach mit. Sei albern. Sei wütend. Sei drüber.
Du brauchst keine Ausrede. Nur einen Stift.
(Und manchmal eine Schere.)
Los geht's – das Chaos wartet.

FOTO-CHALLENGE

Der "Ich bin total organisiert"-Moment.

Fotografiere dein chaotisches Notizbuch, To-do-Listen-Wirrwarr oder deinen überquellenden Desktop-Ordner mit dem Namen „Wichtig_final_final_NEU_neu_ENDGÜLTIG".

HA HA HA!

Was macht ein Laptop beim Yoga?

– Er fährt runter.

LASS MICH
MAL KURZ
überlegen
ÄHM
NEIN!

ABREISSEN STATT AUSRASTEN

Jeder Alltagswahnsinn lässt sich mit einem Lichtblick ein bisschen besser überstehen. Worauf freust du dich in den nächsten Wochen? Ob das endlich geplante Wellness-Wochenende, der kinderfreie Städtetrip oder der Kinoabend mit deinem Lieblingsfilm – du hast es dir verdient! Jetzt kannst du die Vorfreude noch etwas steigern. Schneide den Rand dieser Seite in so viele Streifen, wie Tage noch bis zu deinem Glück fehlen, und reiße jeden Tag einen ab.

ABREISSEN STATT AUSRASTEN

FUN FACT

Der Pillendreherkäfer ist das stärkste Tier der Welt! Er kann das 1.141-fache seines eigenen Körpergewichts tragen.

Also: Egal, wie klein du dich manchmal fühlst und egal, wie groß deine Belastung scheint – entdecke den Pillendreherkäfer in dir!

KISSEN-BOXEN

Es ist 22 Uhr, dein Chef meldet sich im Gruppenchat, dein Kind kann nicht einschlafen und dein Partner liegt mit Männergrippe flach? Klingt nach einem perfekten Moment für eine Kissen-Boxrunde! Nimm dein weiches Lieblingskissen – ja, das, das du nie wirklich zum Ausruhen benutzt – und stelle den Timer auf drei Minuten. Boxe so hart darauf herum, wie du willst, ohne Rücksicht auf die Daunenfüllung.

Und danach? Setz dich hin, atme tief durch. Wie fühlst du dich jetzt? Bist du noch gestresst oder einfach nur müde und bereit für eine weitere Tasse Kaffee?

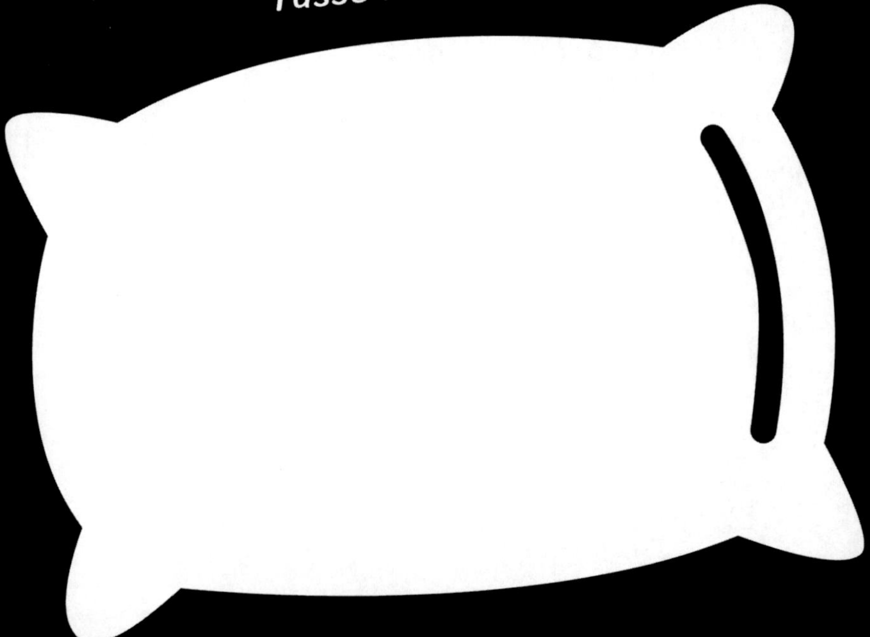

WÖRTERSUCHE

HAUSHALT

S	C	H	X	W	V	V	M	Y	P	L	A	M	L	K	T	A	U	T
L	K	S	D	C	V	D	H	M	R	U	D	I	J	F	Y	R	E	H
C	Y	C	B	H	U	S	Q	F	X	O	E	T	G	K	T	K	O	L
V	S	M	T	A	Y	E	S	E	C	O	P	I	P	K	R	R	P	Y
M	K	H	C	O	G	C	J	J	Y	H	M	P	R	S	X	Ü	A	X
J	M	P	R	S	V	U	X	K	B	M	Q	L	Q	N	R	M	C	Q
E	A	L	N	F	L	Y	J	O	W	V	O	F	O	M	S	E	Z	M
D	U	V	L	X	C	O	K	E	E	Y	O	J	G	Q	D	L	P	J
L	U	C	I	N	W	Y	M	Ü	L	L	B	E	R	G	N	S	W	N
C	P	N	C	Y	J	Y	V	E	J	O	S	K	P	A	L	C	S	P
T	J	K	M	X	U	F	E	S	Z	L	X	G	D	V	J	H	T	O
B	S	O	A	H	C	E	H	C	S	Ä	W	Q	Z	E	R	L	V	B
J	S	O	C	K	E	N	M	O	N	S	T	E	R	W	E	A	E	F
B	I	R	J	Y	B	Y	V	T	V	R	R	R	N	J	T	C	C	V
H	G	W	N	Y	P	U	T	Z	A	T	T	A	C	K	E	H	E	E
C	E	K	L	O	W	B	U	A	T	S	E	Y	T	H	N	T	D	B
P	N	U	E	R	E	T	S	N	O	M	N	E	K	C	E	L	F	E
N	D	E	Y	E	T	T	I	N	O	H	I	R	U	G	J	Q	M	G
I	V	U	Y	S	U	U	C	R	U	Q	C	C	X	W	C	D	B	U

Diese Wörter sind versteckt:

Wäschechaos

Sockenmonster

Krümelschlacht

Fleckenmonster

Staubwolke Chaos

Putzattacke

Müllberg

SCHELMISCHES SCHIMPFEN

Manchmal möchtest du einfach laut fluchen, aber deine Kinder - oder dein Chef - hören einfach alles. Denke dir eigene Schimpfwörter oder Flüche aus, die garantiert harmlos klingen, aber trotzdem beim Dampfablassen helfen.

- ○ "Zonk!"
- ○ Möge deine Nase jucken, wenn du beide Hände voll hast.
- ○ "Fatz!"
- ○ Möge dir beim Händewaschen Wasser in die Ärmel laufen.
- ○ ______________________________
- ○ ______________________________
- ○ ______________________________
- ○ ______________________________
- ○ ______________________________

GEHEIME FLUCHTPLÄNE

Manchmal wünschst du dir einen geheimen Unterschlupf, wo dich niemand finden kann. Zeit für dich, den ultimativen Fluchtplan in dein Geheimversteck zu entwickeln! Zeichne dein geniales Versteck und den Weg dorthin. Markiere, welchen Hindernissen du auf deiner Flucht begegnen könntest und wie du sie überwindest – oder austrickst.

AGGRESSIONS-KRITZELEI

Es gibt Tage, da hilft nur noch wildes Gekritzel. Nimm dir einen Stift – am besten den, der immer verschwindet, wenn du ihn wirklich brauchst – und kritzel auf dieser Seite herum, bis kein weißer Fleck mehr zu sehen ist. Je wilder die Linien, desto mehr lässt du los. Keine Regeln, keine Perfektion – nur du und die wilde, ungezähmte Kritzelei.

HA HA HA!

Welcher Wein wird an den Hängen eines Vulkans angebaut?
– Glühwein.

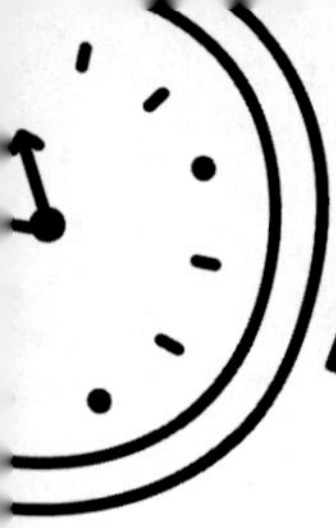

DIE FÜNF-MINUTEN-CHALLENGE

Stelle einen Timer auf fünf Minuten und stürze dich in einen Raum deiner Wahl. Versuche, so viel wie möglich aufzuräumen, bevor der Timer klingelt. Kein Stress, nur ein Wettlauf gegen die Zeit! Wie viel hast du geschafft? Klebe hier ein Vorher- und ein Nachher-Foto des Zimmers ein.

DAS ETWAS ANDERE DANKBARKEITS-TAGEBUCH

Heute bist du dankbar... na, wofür eigentlich? Schreibe auf, wofür du heute dankbar bist, egal wie schräg es klingt. Und morgen? Setze dir das Ziel, für etwas anderes dankbar zu sein – auch wenn es nur der Fakt ist, dass der Tag vorbei ist.

- ○ ____________________
- ○ ____________________
- ○ ____________________
- ○ ____________________
- ○ ____________________
- ○ ____________________
- ○ ____________________

Finde deinen Weg zum Kaffee!

WAS IST NERVIGER?

... in der Beziehung ...

schlechte Geschenke	gar keine Geschenke
wenn der/die Partner*in den Jahrestag vergisst	wenn er/sie vergisst, dir Bescheid zu sagen, dass die Schwieger-eltern spontan vorbeikommen
peinliche Kosenamen in der Öffentlichkeit	lautstarke Streits über Kleinigkeiten in der Öffentlichkeit
wenn der/die Partner*in total klammert	wenn er/sie sich kaum meldet
Unordnung im Haushalt	penible Ordnung
schlechter Sex	kein Sex
wenn der/die Partner*in die Bettdecke wegzieht	wenn er/sie schnarcht

ALLTAGSYOGA – FINDE DEINEN FLOW

Bereit für eine Miniauszeit mit Aussicht auf ein Glas Wein? Hier ist dein perfekter Yoga-Flow, der dich durch den Tag bringt und dabei für ein bisschen Entspannung sorgt. Los geht's!

<u>Herabschauender Hund mit Augenrollen</u>
Komm auf Hände und Füße, strecke den Po Richtung Decke und drücke dich fest in den Boden. Schau dabei zwischen deine Beine durch, als würdest du hoffen, dass das Chaos hinter dir plötzlich verschwunden ist (Spoiler: ist es nicht). Vergiss nicht, deine Augen zu trainieren: Ein demonstratives Augenrollen ist elementar für deinen Seelenfrieden! Atme tief ein und aus und wiederhole das Augenrollen, bis du dich bereit fühlst, loszulassen... zumindest das mentale Chaos.

<u>Der "Ich tue so als ob ich aufräume"-Krieger</u>
Stelle den linken Fuß weit nach vorne, den rechten nach hinten, die Zehen zeigen leicht zur Seite. Strecke die Arme nach vorne und tu so, als würdest du hochmotiviert aufräumen wollen. Aber Achtung: Nur antäuschen! Atme tief ein und aus und halte die Position für ein paar Atemzüge – du hast es verdient!

Der "Ich greife zum Wein"-Stretch

Komm in eine stehende Position, strecke dich mit beiden Armen nach oben, als würdest du dich nach dem Weinglas auf dem obersten Regal strecken. Achte darauf, dich lang zu machen – wer weiß, wo es sich versteckt! Atme tief ein und denke: „Gleich hab ich's." Beim Ausatmen stell dir vor, du hast es endlich erreicht – dein persönlicher Heldinnen-Moment.

Der "Schlückchen Genuss"-Abschluss

Beuge dich aus dem Stand nach unten (Vorbeuge), greife nach dem Weinglas (in Gedanken oder vielleicht wirklich) und rolle dich dann langsam Wirbel für Wirbel wieder auf. Stehe aufrecht, halte dein (imaginäres) Weinglas fest in der Hand, nimm einen tiefen Schluck und atme durch. Namaste und Prost!

Denk dir hier noch eine eigene Yoga-Pose aus:

Könnte man Genervtsein in Geld umwandeln, könnte ich so zum Mittagessen in Rente gehen.

ABSURDER ALIEN-ALLTAG

Der Alltag
kann schon manchmal ganz
schön verrückt sein. Stell dir
mal vor, dass Außerirdische uns
besuchen und einen Tag dein Leben leben
würden. Wie würden sie das wohl beschreiben?
Schreib die Gedanken des Aliens über deinen
Alltag auf.

EHRE, WEM EHRE GEBÜHRT!

Du leistest du Tag für Tag eine ganze Menge – meistens ungesehen. Zeit, deine Heldenleistungen gebührend zu ehren. Gestalte hier deine ganz persönliche Heldinnen-Urkunde:

Hiermit wird feierlich bestätigt, dass

________________________ heute heldenhaft allen Tücken des Alltags getrotzt hat: Die Küche ist nicht abgebrannt, kein Autofahrer wurde tätlich angegangen und im Büro leben selbst die Pflanzen noch. Besonders erwähnens- und beachtenswert ist die folgende Leistung:

____

Für diese legendäre Meisterleistung wird die ehrenvolle "Heldin des Alltags"-Medaille verliehen!

DANKESREDE

Natürlich möchtest du angesichts dieser Ehre auch eine Dankesrede halten. Hier ein Beispiel, wie das aussehen könnte:

Es ist Zeit, all denen zu danken, ohne die meine heutige Heldentat – das Überleben eines kompletten Tages – niemals möglich gewesen wäre. Mein ganz besonderer Dank gilt meiner treuen Kaffeemaschine, die mich durch den Morgen getragen hat. Ohne dich, meine liebe Freundin, wäre ich bereits um sieben Uhr auf der Couch kollabiert.

Aber auch all den scheinbar kleinen Dingen gebührt großer Dank: den Haargummis, die meinen Tag gerettet haben, als mir buchstäblich die Haare zu Berge standen, oder dem Snack-Schrank, der immer im richtigen Moment da war, um kleine (und große) Krisen mit einer Handvoll Kekse zu entschärfen.

Vielen Dank, ihr Helden im Hintergrund, die den Kampf des Alltags erst möglich machen! Morgen sehen wir uns wieder und ich weiß, ich kann auf euch zählen.

NIE MEHR OHNE EUCH!

Sammle deine Helfer im Alltag, die dir das Leben erleichtern. Wenn du willst, kannst du sie auch zeichnen und/oder ihnen einen Dankessatz widmen. Diese Seite ist euch allein gewidmet!

HA HA HA!

Was macht ein Pirat am Computer?
– Er drückt die Enter-Taste.

ANTI-STRESS-TAG

Plane einen Tag nur für dich allein. Kein Stress, keine Verpflichtungen, keine Alltagsaufgaben. Was würdest du tun? Den ganzen Tag im Bett bleiben? Ab in die Sauna? Schreib alles auf, was dir einfällt, so detailliert wie möglich. Alles ist erlaubt – nur eben nichts, was Stress machen könnte, versteht sich.

- ○ ______
- ○ ______
- ○ ______
- ○ ______
- ○ ______
- ○ ______
- ○ ______
- ○ ______
- ○ ______
- ○ ______

FUN FACT

Bei Kaiserpinguinen
übernehmen die Väter
nach dem Schlüpfen die
Fürsorge der Babys.

Während die
Pinguin-Mamas auf
Fischfang
gehen, stehen die Papas
wochenlang im eisigen
Wind und balancieren das Ei
auf ihren Füßen, um es warm zu
halten. Sie fressen nichts und
warten auf die Rückkehr der
Mütter, die dann die Versorgung
der Kleinen übernehmen.

DIE "SCHNELLSTES ABENDESSEN"-CHALLENGE

Keine Zeit, keine Geduld und die Familie hat Hunger? Dann ist es Zeit für die "Schnellstes Abendessen"-Challenge! Koche das schnellste Gericht, das du je geschafft hast. Wie lang hat es gedauert? War es essbar? Dokumentiere deinen Rekord hier – und wenn das Abendessen niemandem schmeckt, nimm's mit Humor. Es war schnell, das zählt!

Was gab's?:

Wie lange hat's gedauert:

wie hat's geschmeckt?

☆☆☆☆☆

WÄRE
ich ein
TIER
WÄRE ICH DIE
Raupe
immerplatt

Hattest du einen stressigen Tag? Genervt vom Leben, den Leuten, dem Lärm? Hier kommen neue, wunderbar unsinnige Tipps zur Tiefenentspannung:

** * **

Stell dir vor, du bist eine Zimmerpflanze. Stell dich in eine Ecke, tue absolut nichts – aber sieh dabei sehr bedeutungsvoll aus.

** * **

Guck 10 Minuten lang aus dem Fenster und bewerte vorbeigehende Tauben. Gibt es eine mit Starpotenzial?

** * **

Verbringe Zeit damit, die winzigen Details in einem Blatt Papier zu betrachten und zu bewundern.

** * **

Erfinde eine neue, extrem langsame Yoga-Form. Eine einzige Pose, 45 Minuten lang. Nenn sie: „Die erschöpfte Socke".

** * **

Stelle Dir vor, Du wärst ein Chamäleon und passe Dich an Deine Umgebung an. Na, findet dich jemand auf dem Sofa?

** * **

Sei ein Ninja und versuche, Dich so leise wie möglich durch dein Zuhause zu bewegen.

MASTERMIND

Good to know - oder auch nicht. Teste dein Allgemeinwissen.

Womit machte ein Bär in Kalifornien Schlagzeilen?

A) Er klaute ein Fahrrad und setzte sich darauf.
B) Er blockierte stundenlang ein Drive-in-Schalter
C) Er spazierte durch einen Supermarkt und klaute Popcorn
D) Er "tanzte" auf einem Autodach zu Radiomusik

Wie viele Liter Kaffee trinkt eine durchschnittlicher Deutsche*r pro Jahr?

A) 45 Liter
B) 69 Liter
C) 166 Liter
D) 231 Liter

Was wurde laut einer Harvard-Studie als besonders effektiv gegen Prokrastination eingestuft?

A) Belohnungssystem mit Schokolade
B) Zimmerpflanzen auf dem Schreibtisch
C) Ein leerer Tisch ohne Ablenkung
D) To-do-Liste in Schönschrift

Nix wie weg hier!

Finde den Weg zur Tür!

WAS IST NERVIGER?

... im Job ...

eine lange, langweilige Besprechung	eine kurze, aber sinnlose Besprechung
ein Papierstau im Drucker	ein überlaufender Papierkorb
Stundenlang an einem Text arbeiten, der am Ende doch nicht benötigt wird	stundenlang an einem Text arbeiten und vergessen, ihn zu speichern
ein*e Kolleg*in, der/ die sich über alles beschwert	ein*e Chef*in, der/die ständig die Meinung ändert
ein immerzu klingelndes Telefon	ein dauerhaft piepsender Rauchmelder
ein voller E-Mail-Posteingang	ein hoher Papierstapel auf dem Schreibtisch

CHAOS-SURVIVOR-CLUB

Manchmal ist es einfach beruhigend zu wissen, dass man mit den täglichen Kämpfen nicht allein ist. Warum also nicht eine Selbsthilfegruppe für die nervigsten Alltagsprobleme gründen? Ob es die endlose Jagd nach dem verschwundenen Schlüssel ist, die ständige Frage "Was gibt's heute zu essen?" vor einem vollen Kühlschrank oder das Gefühl, ständig mehr Socken aufzuheben, als Zeit zu haben – du bist nicht allein! Schnapp dir deine Freundinnen, benennt die großen (und kleinen) Herausforderungen des Alltags und motiviert euch gegenseitig. Die besseren Tage kommen bestimmt – oder zumindest die mit mehr Kaffee.

KACK-KOMMENTARE

Kleiderwahl? Kindererziehung? Karriereplanung? Aussehen? Beziehung? Es gibt kaum ein Thema im Leben einer Frau, das nicht bewertet und kommentiert wird. Manche der Kommentare mögen hilfreich sein, andere sind nicht nur nutzlos, sondern auch grenzüberschreitend, frech und völlig bescheuert. Schreibe hier deine Best-of-Kack-Kommentare in die Häufchen.

Ich bin bestens organisiert! Hab mir eben schon die schlechte Laune für morgen rausgelegt!

Zeit, deine interkulturelle Kompetenz zu schulen! Schauen wir uns mal an, wie auf anderen Sprachen geflucht wird...

Albanisch: "Möge der Donner Dein Klo treffen!"

Armenisch:
"Ich werde gegen Deinen Hals furzen!"

Bulgarisch: "Du bist so hässlich wie ein Salat!"

Chinesisch/Mandarin:
"Deine Mutter ist eine große Schildkröte!"

Finnisch: "Du Knochengeige!"

HA HA HA!

Warum können Geister so schlecht lügen?
– Weil man durch sie durchschauen kann.

BUCHSTÄBLICHES FLUCHEN

Irgendwann muss jeder Frust raus. Wenn du ihn nicht an deiner Familie oder deinen Kollegen auslassen willst, probier's doch mal hier. Damit es aber keinen schriftlichen Beweis für alle deine fürchterlich gemeinen Gedanken gibt, verteilst du beim Schreiben alle Buchstaben einfach völlig wahllos auf dieser Seite. Nur du kennst das wahre Geheimnis hinter dem Buchstabensalat – und niemand sonst wird je erfahren, was du da wirklich Gemeines aufgeschrieben hast!

DIE ANTI-MULTITASKING-CHALLENGE

Du bist ein Multitasking-Profi, aber wie steht es um deine Monotasking-Fähigkeiten? Deine Mission: Widme dich eine Stunde lang jeweils nur einer Sache – sei es Kaffee trinken, aufmerksam spazieren oder die Wäsche zusammenlegen. Kein Multitasking, kein Ablenken, nur pure Konzentration auf das, was du gerade tust. Am Ende dieser Stunde bist du entweder tiefenentspannt oder leicht verrückt – beides zählt als Erfolg. Schreib auf, wie es dir ergangen ist.

FUN FACT

Multitasking ist biologisch nicht effizient: Wissenschaftler haben herausgefunden, dass unser Gehirn eigentlich gar nicht fürs Multitasking gemacht ist. Jedes Mal, wenn wir zwischen Aufgaben hin- und herwechseln, verliert unser Gehirn an Effizienz und es dauert länger, beide Aufgaben zu erledigen.

Wenn das Leben dir

Zitronen

gibt,

frag nach

Salz

und

Tequila!

HA HA HA!

Wann fällt einem das Abnehmen am leichtesten?
– Wenn das Telefon klingelt.

FOTO-CHALLENGE

Stillleben mit Wutanfall

Ein Foto von dem Moment, in dem du fast ausgerastet wärst: kaputte Tupperdeckel-Schublade, verhedderte Kopfhörer, explodierter Joghurtbecher. Bonus: dramatische Caption.

ERDBODEN, TU DICH AUF!

Frauen, die scheinbar alles im Griff haben – Top-Karriere, perfektes Styling, nie ein Fleck auf der Bluse und immer mit einem strahlenden Lächeln im Meeting; der Chef, der deine Krankheitstage mit hochgezogener Augenbraue kommentiert (obwohl er selbst vermutlich auch keinen Nerv für Migräne, PMS oder den dritten Infekt in Folge hätte); oder diese Bekannte, die bei jeder Gelegenheit ungefragt Tipps gibt, wie du „effizienter“ und „resilienter“ sein könntest – wer oder was nervt dich gerade besonders?

Denk dir für diese Person eine herrlich peinliche, aber rein hypothetische Situation aus. Beschreibe sie in Stichworten – und fülle den Rest der Seite mit „Hahaha“.

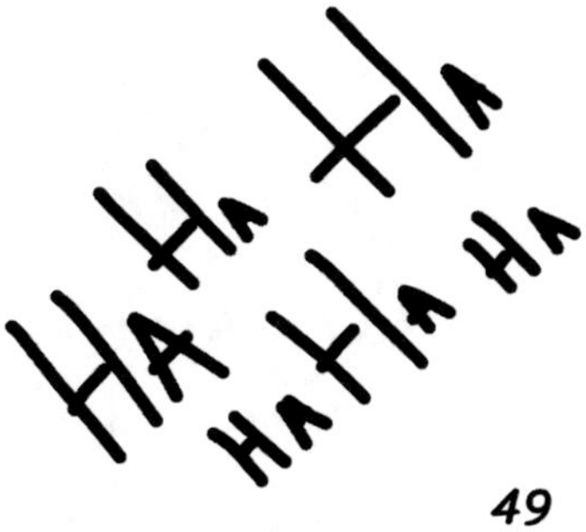

GUCK NICHT!
BIN SO DRAUF WIE
ich aussehe

Verfolge diese Tipps und die Menschen in deiner Umgebung lassen dich garantiert in Ruhe!

Sei der Meister des Nörgelns – find zu allem eine negative Seite, sogar zu Sonnenstrahlen oder Blumen.

* * *

Nutze „Ich hab's dir doch gesagt!" als deine Geheimwaffe, egal ob es passt oder nicht.

* * *

Gib ungefragt Tipps, die keinen Sinn ergeben: „Stress im Job? Versuch's mal mit einem Salat aus Gummibärchen!"

* * *

Singe zufällige Liedfragmente im Büro, im Supermarkt oder beim Warten auf den Bus – Tonlage egal, Hauptsache störend.

* * *

Meckere lautstark über Fehler anderer – auch wenn du selbst gerade die Hälfte davon machst.

* * *

Hinterfrage alles. Wirklich alles.

* * *

Verwandle jede Unterhaltung in einen Solo-Auftritt und vergiss nicht, dich selbst zum Mittelpunkt zu machen.

DIE "KREATIV-KÜCHE"-CHALLENGE

Der Kühlschrank ist leer, aber du hast noch ein paar Reste? Perfekt! Koche oder backe etwas völlig Neues mit dem, was gerade noch im Kühlschrank liegt. Sei kreativ, mixe wild durcheinander und mach ein Foto des fertigen Gerichts. Bonusaufgabe: Benenne dein Meisterwerk – je ausgefallener, desto besser! Vielleicht wird dein Gericht der nächste Küchentrend (oder ein Insiderwitz in der Familie).

STADT, LAND, FLUCHT

Ausrede, um nicht rauszugehen	Nerviges Alltagsproblem	Peinliches Hobby	Zustand vor dem ersten Kaffee	Unnötiger Frust-Online-Einkauf

Das Spiel “Stadt, Land, Fluss“ kennst du bestimmt. Schnapp dir eine Mitspielerin oder einen Mitspieler, reißt diese und die nächste Seite raus. Ihr zählt aus, mit welchem Buchstaben es losgeht, und füllt dann – möglichst kreativ, versteht sich – die Kategorien aus. Hast du etwas, wo dein Gegenüber nichts geschrieben hat, bekommst du 20 Punkte. Habt ihr beide etwas stehen, gibt es für jeden 10 Punkte und bei der gleichen Antwort 5. Vielleicht wollt ihr Extrapunkte für besonders witzige Antworten vergeben (überlegt euch dann am besten schon mal eine unvoreingenommene Jury, die im Zweifel entscheidet).

STADT, LAND, FLUCHT

Ausrede, um nicht rauszugehen	Nerviges Alltags-problem	Peinliches Hobby	Zustand vor dem ersten Kaffee	Unnötiger Frust-Online-Einkauf

FOTO-CHALLENGE

Outfit of the day - Home Edition

Pyjamahose unten, Blazer oben? Socken, die schon bessere Tage gesehen haben? Lass das OOTD-Fakeglamour-Game hinter dir und zeig dein wahres Mode-Ich.

KINDERMUND TUT WAHRHEIT KUND

Sammle hier die Wahrheiten, die dein Kind, Neffe/Nichte oder das Kind von Freunden schon über eure Familie und das Leben von sich gegeben hat – ja, auch die bittersüßen Wahrheiten wie: "Dein Bauch ist wie ein dickes, weiches Kissen".

- ○ ______________________________
- ○ ______________________________
- ○ ______________________________
- ○ ______________________________
- ○ ______________________________
- ○ ______________________________
- ○ ______________________________

DANKBARKEITSTAGE-BUCH – MAL ANDERS

Dankbarkeit ist der Schlüssel zum Glück... oder zumindest dazu, nicht komplett durchzudrehen. Wie gut, dass es immer einen Grund für Dankbarkeit gibt – man muss ihn nur finden. Hier sind ein paar Ideen, die dich vielleicht zum Schmunzeln bringen.

Heute bin ich dankbar dafür, ...

... dass ich es geschafft habe, zwei Socken aus dem selben Set zu finden – und beide hatten keine Löcher.

... dass ich den Zoom-Call gemutet hatte, bevor ich laut gemeckert habe.

... dass ich im Drogeriemarkt nur drei Dinge mehr gekauft habe als geplant – persönlicher Rekord.

... dass ich heute fast pünktlich war – also für meine Verhältnisse quasi überpünktlich.

... dass ich immerhin einen Schritt der Hautpflegeroutine geschafft habe.

... dass der innere Kritiker heute nur leise gemeckert hat.

GEDANKEN-KARUSSELL

Deine Gedanken kreisen um alles, woran du im Alltag noch denken musst?
Jetzt drehst du das Ganze um: Ergänze die Liste und zeichne wilde Kreise drum herum.

Gibt es Dinge in deinem Arbeitsalltag, die dich tierisch nerven, die du aber meist höflich weglächelst? Schluss damit! Zeit für schonungslose Ehrlichkeit! Hier ist Platz für eine wütende Mail an Kolleg*innen oder Vorgesetzte. Was wolltest du ihnen schon immer mal sagen?

ALLTAG

F	W	R	U	W	W	R	O	X	N	C	C	U	T	M	U	E
G	E	S	E	E	V	X	I	V	L	M	A	R	N	P	L	R
N	S	I	C	T	M	S	M	F	V	R	D	L	E	S	F	D
U	X	C	E	H	T	A	L	A	S	L	E	B	A	K	W	P
R	H	A	H	R	L	E	R	M	V	I	P	L	U	I	Z	P
E	N	C	T	L	A	U	W	K	E	E	P	R	K	K	H	X
A	C	E	O	Y	A	B	E	L	R	I	R	Q	T	R	R	O
L	T	A	J	L	Y	N	E	S	E	E	H	I	V	V	C	N
K	C	A	N	W	N	P	G	N	S	D	I	L	L	K	S	V
R	L	S	T	U	K	E	I	E	D	E	D	P	Q	K	Q	H
E	C	B	Z	A	P	D	K	X	S	V	L	U	A	A	H	V
R	Z	G	R	P	G	D	U	C	A	T	E	S	M	P	T	J
E	N	T	A	Z	C	O	A	R	O	I	E	R	U	H	I	I
U	E	Z	N	J	W	C	G	X	K	S	B	H	K	C	C	X
E	F	A	H	R	R	A	D	P	A	N	N	E	E	E	H	S
T	A	B	A	D	Z	E	Q	V	S	D	J	V	I	N	H	E
S	N	K	Z	O	N	K	C	U	P	M	U	X	Z	C	Q	R

WÜNSCHE-BAUM

Manchmal sind es die kleinen Dinge, die du dir am meisten wünschst: einen Tag arbeiten ohne spontane und furchtbar wichtige neue ToDos, fünf Minuten deine Ruhe oder ein Schokoriegel, der nicht geteilt werden muss. Zeichne auf dieser Seite einen Baum und fülle die Blätter mit deinen Alltagswünschen. Jedes Mal, wenn du es schaffst, dir einen der Wünsche zu erfüllen, malst du das Blatt farbig an. Wie lange brauchst du, bis dein Baum bunt ist?

MASTERMIND

Good to know - oder auch nicht.
Teste dein Allgemeinwissen.

Was passiert, wenn man eine Rosine in ein Glas Sprudelwasser legt?

A) Sie löst sich auf und wird durchsichtig
B) Sie sinkt auf den Boden und bleibt dort
C) Sie tanzt auf und ab wie ein verrückter Partygast
D) Sie verwandelt sich in eine Traube (Zeitreise-Effekt)

Welcher Gegenstand ist in Island so heilig, dass Bauprojekte oft darum herum geplant werden?

A) Eine riesige Gurke
B) Ein alter Fußballplatz
C) Ein Felsen, weil dort angeblich Elfen wohnen
D) Der Lieblings-Campingstuhl des Präsidenten

Was wird in Japan häufig zur Entspannung im Büro verwendet?

A) Mini-Teezeremonien
B) Fußbäder unter dem Schreibtisch
C) Origami-Pausen
D) Karaoke-Timer

FUN FACT

Seesterne können krabbeln, essen und sich fortpflanzen können, ganz ohne ein Gehirn und ein Herz zu haben.

Na, kennst du jemanden, der/die (ganz offensichtlich!) mit einem Seestern verwandt sein muss?

BUCHSTABEN-SALAT

Ausgewogene Ernährung? Richtig und wichtig. Aber manchmal darf's auch das schnelle Fast Food sein - gut für die Nerven. Entschlüssle die fast gesunden "Mahlzeiten".

AZPIZ ______________________

DUENNL ______________________

ISCSHENCÄBTHF ______________________

SHTLZENIC ______________________

SOADLOEKCH ______________________

MEMPSO ______________________

HA HA HA!

Was kommt aus einer defekten Kaffeemaschine?
– ein Kaputtcino.

SCHLECHTE LAUNE?
Nein danke,
HAB'NOCH!

EMOJI-RÄTSEL

Die Standard-Emojis kommen einfach nicht an die Realität deines Alltags heran? Dann wird es Zeit, deine eigenen zu erfinden! Zeichne Emojis, die deine aktuelle Stimmung perfekt beschreiben – vielleicht ein lachendes Gesicht mit Augenringen oder ein explodierender Kopf?

Von A wie aberwitzige Aktenberge bis Z wie zähe Meetings – was hasst du alles an deinem Job? Schreibe eine Liste!

A

B

C

D

E

F

G

H

I

J

K

L

M

N

O

P

Q

R

S

T

U

V

W

X

Y

Z

LEBENS-LYRIK

Schreibe dein eigenes Hassgedicht – oder schreibe/kritzle deine Wut darüber raus, dass jemand auf die bescheuerte Idee kommt, du würdest ein Gedicht schreiben!

Kurze Zündschnur? Von wegen! Es gibt Dinge, die gehen einfach gaaar nicht! Zum Beispiel…

Wenn jemand vor dir an der Supermarktkasse langsam sein Kleingeld zählt – für exakt 4,87 €

Wenn sich jemand vordrängelt und so tut, als hätte er's „nicht gesehen"

Wenn Personen bei jedem Gespräch das letzte Wort brauchen – sogar bei Smalltalk über das Wetter

Wenn jemand alle Gespräche auf sich zieht – und immer eine noch „krassere" Story hat

Wenn jemand „nur mal kurz" was erzählen will – und 35 Minuten später immer noch redet

BULLSHITBINGO

Du hast das Gefühl, du erlebst täglich denselben Wahnsinn in Dauerschleife? Willkommen beim Bullshit-Bingo für alle, die einfach nur versuchen, zu überleben – ob im Büro, beim Einkaufen oder im Gruppenchat.

So geht's: Jedes Mal, wenn dir einer dieser Sätze begegnet (live, per Mail, im Kopf oder aus deinem eigenen Mund...), mach ein Kreuz.

Eine Reihe voll? Herzlichen Glückwunsch, du gewinnst... nichts. Außer die Gewissheit, dass du nicht allein bist.

„Das haben wir schon immer so gemacht.“	„Das System ist grad langsam.“	„Wir haben gerade nur Barzahlung.“	„Ich bin ja kein Experte, aber...“	„Ich teile mal kurz meinen Bildschirm... oh warte...“
	„Ich hab das auf Instagram gelesen.“		„Du bist heute aber empfindlich.“	
„Das hat mir ChatGPT gesagt.“		„Ich fang morgen damit an.“ (Selbst-gespräche gelten auch)		„Lächel doch mal!“
	"Ich hab keine Lust!"		„Können wir das bis gestern fertig haben?“	
"Kannst du das machen?"				

Wenn du das nächste Mal von einer Person so richtig genervt bist, denk dir einfach heimlich lustige Beleidigungen für sie aus, während sie redet.
Zum Beispiel:

BlaBla-Bazille

Ego-Einhorn in Midlife-Krise

Krawattenkrake

Intelligenzallergiker*in

STRESS-LEVEL-THERMOMETER

Male eine Skala von 1 bis 10 – wo stehst du heute? (1 = friedlich wie ein Zen-Mönch, 10 = kurz vor dem Durchdrehen)

SCHOKOLADE UND WEIN?

Manchmal braucht es nicht viel, um den Tag zu retten – vielleicht nur die richtige Kombination aus Schokolade und Wein. Erstelle eine Einkaufsliste für deine besten Nervennahrung-Kombinationen. Wie wär's mit Chips und Cola? Popcorn und Prosecco?

LASS MICH ... AUSREDEN!

Wenn du mal wieder schnell eine Ausrede parat haben musst, kommt hier deine Rettung:

Oh nein, ich bin leider verhindert. Ich habe einen spannenden Krimi zu lösen: Wo sind die Schokoriegel hin? Es wird dramatisch.

Heute geht es leider gar nicht. Ich muss meine Kinder aus ihrer Legoburg retten. Das ist ein Fünf-Stunden-Einsatz.

ACHTSAMKEITS-TAGEBUCH

Während du so durch deinen Alltag stolperst, gibt es garantiert einige Dinge, die du übersiehst. Schreibe die drei besten Dinge auf, die dir heute passiert sind – ja, sogar die winzigen Momente zählen. Und für den ultimativen Achtsamkeitsschub: Füge drei Dinge hinzu, die NICHT schiefgelaufen sind – weil, hey, manchmal ist das schon ein Sieg!

1

2

3

Finde deinen Weg zum langersehnten Schokoriegel.

MANTRA

(Er-)Finde dein eigenes tägliches Mantra – etwas, was dir hilft, durch den Tag zu kommen. Schreibe es auf und wiederhole es immer dann, wenn du kurz vor dem Durchdrehen bist. Hier einige Beispiele:

"Ich habe es schon einmal geschafft, ich schaffe es auch heute... Irgendwie."
Dieses Mantra erinnert dich daran, dass du schon viele Tage überlebt hast – und dieser ist nicht anders, selbst wenn es sich manchmal so anfühlt.

"Ich atme ein... Ich zähle bis zehn... Ich atme aus... und explodiere nicht."
Für die Momente, in denen du kurz davor bist, aufzugeben – es aber trotzdem schaffst, die Ruhe zu bewahren (zumindest äußerlich).

"Wenn ich es ignorieren kann, ist es nicht wirklich da... oder zumindest nicht mein Problem."
Ein beruhigendes Mantra, wenn du beschließt, dass der Wäscheberg oder die Krümel unter dem Tisch ruhig bis morgen warten können.

VERDIRB
MIR NICHT
MEINE
Schlechte
Laune!

LASS MICH ... AUSREDEN!

Manchmal gibt es diese Einladungen, bei denen du weißt: Da will ich auf keinen Fall hin. Das Networking-Event mit Stehtisch-Smalltalk und lauwarmem Prosecco? Der Geburtstag eines Bekannten, bei dem du niemanden kennst – außer dem Gastgeber, und selbst den nur flüchtig? Das Teambuilding-Wochenende mit Outdoor-Aktivitäten und Gruppenumarmung um 8:00 Uhr morgens? Keine Sorge, hier sind ein paar kreative Ausreden, mit denen du charmant kneifen kannst.

Oh nein, ich würde so gerne kommen, aber ich bin im Wettkampf mit meiner Waschmaschine. Sie versucht, Socken zu fressen, und ich versuche, das zu verhindern.

Ich muss leider absagen, mein Kühlschrank ruft nach einem gründlichen Frühjahrsputz. Der Joghurt von 2022 wartet auf mich.

FUN FACT

Das Wort Avocado stammt ursprünglich von den Azteken und bedeutet “Hoden“ (ahuacatl).

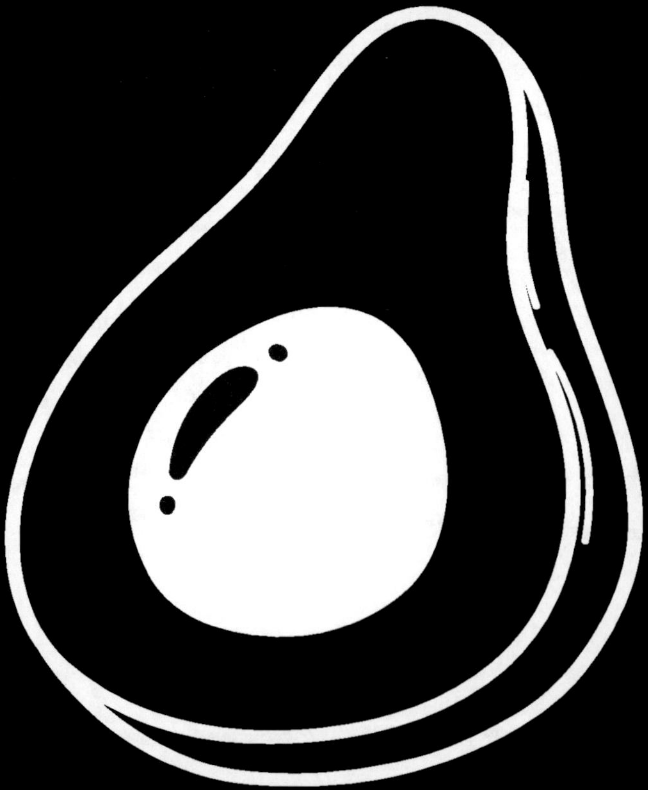

ERWECKE DEIN INNERES ANTI

Heute bist du anti alles. Vor allem anti gute Laune. Schreib Zitate deiner gut gelaunten und natürlich ausgeschlafenen Mitmenschen auf und male dein inneres "Anti", das herzhaft darüber kotzt. Gute Laune ist schließlich echt zum Kotzen!

Die restlichen Seiten
dieses Buches wollen
zerstört werden!
Reiße, schneide,
kritzle wild drauf los!

EXPLOSIOOOON!

Wenn du dich mal wieder kurz vor'm Explodieren fühlst: Kritzle hier lieber eine Bombenexplosion! Reiß dafür diese Seite raus und kritzle auf beiden Seiten so fest und aggressiv du kannst.

HINREIẞENDE TO-DO-LISTE

Schreib eine To-do-Liste mit all den nervigen Aufgaben des Tages, die du eigentlich nicht machen willst. Jetzt wird's hinreißend! Reiß diese Seite aus dem Buch und zerfetze sie in tausend kleine Stücke. Kein schlechtes Gewissen – heute machst du das, was DU willst!

- ○ ______
- ○ ______
- ○ ______
- ○ ______
- ○ ______
- ○ ______
- ○ ______

CHAOS-KAFFEE-KUNST

Hast du gerade mal wieder deinen Kaffee kalt werden lassen? Kein Problem! Schütte ihn auf diese Seite, male mit dem Fleck und kreiere ein einzigartiges Kaffee-Kunstwerk. Keine Sorge, hier ist Kleckern ausdrücklich erwünscht!

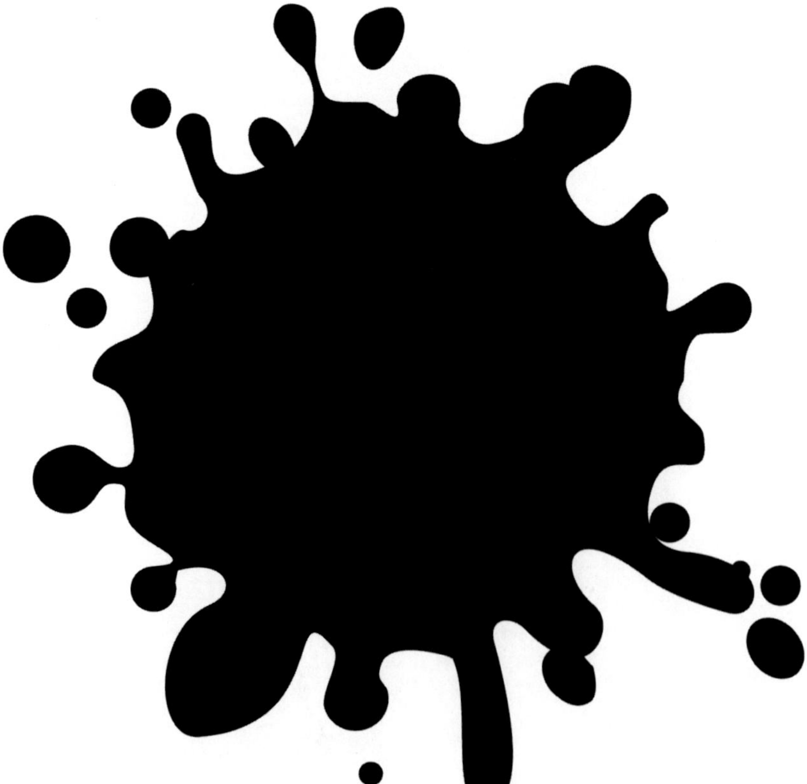

Hast du Wut, du?
Probier Vodoo!

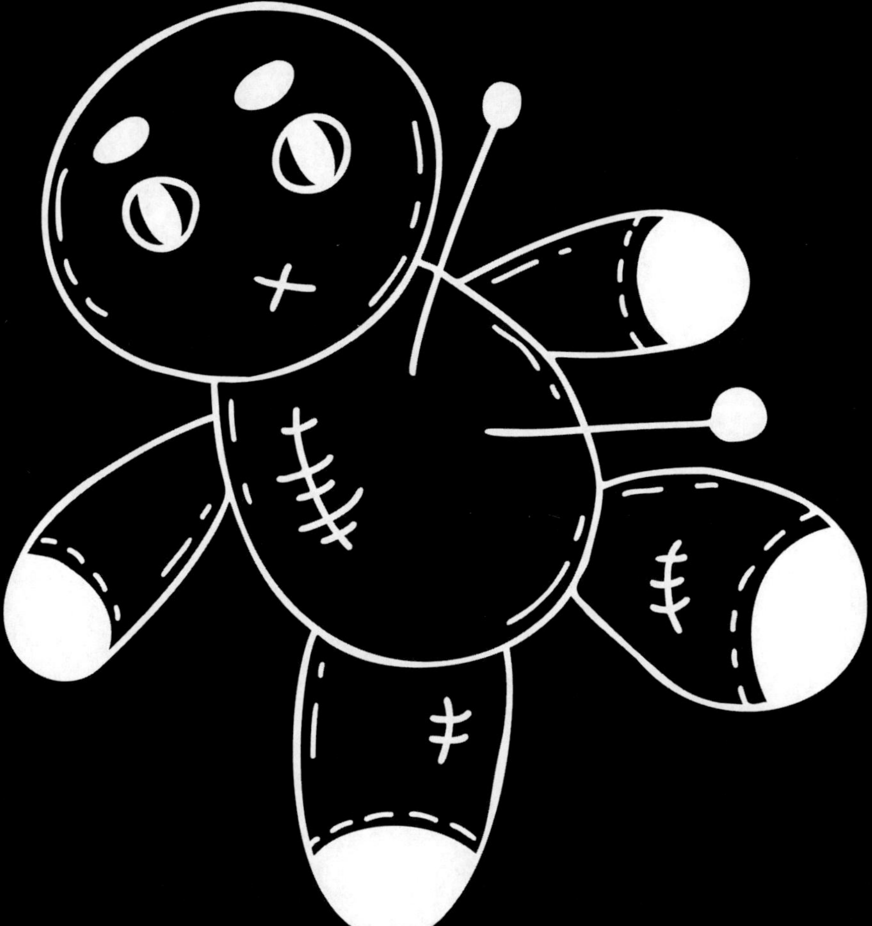

Stell dir vor, diese Voodoo-Puppe wäre deine Hassperson. Stich mit einem Stift überall da rein, wo es ihr so richtig wehtun soll!

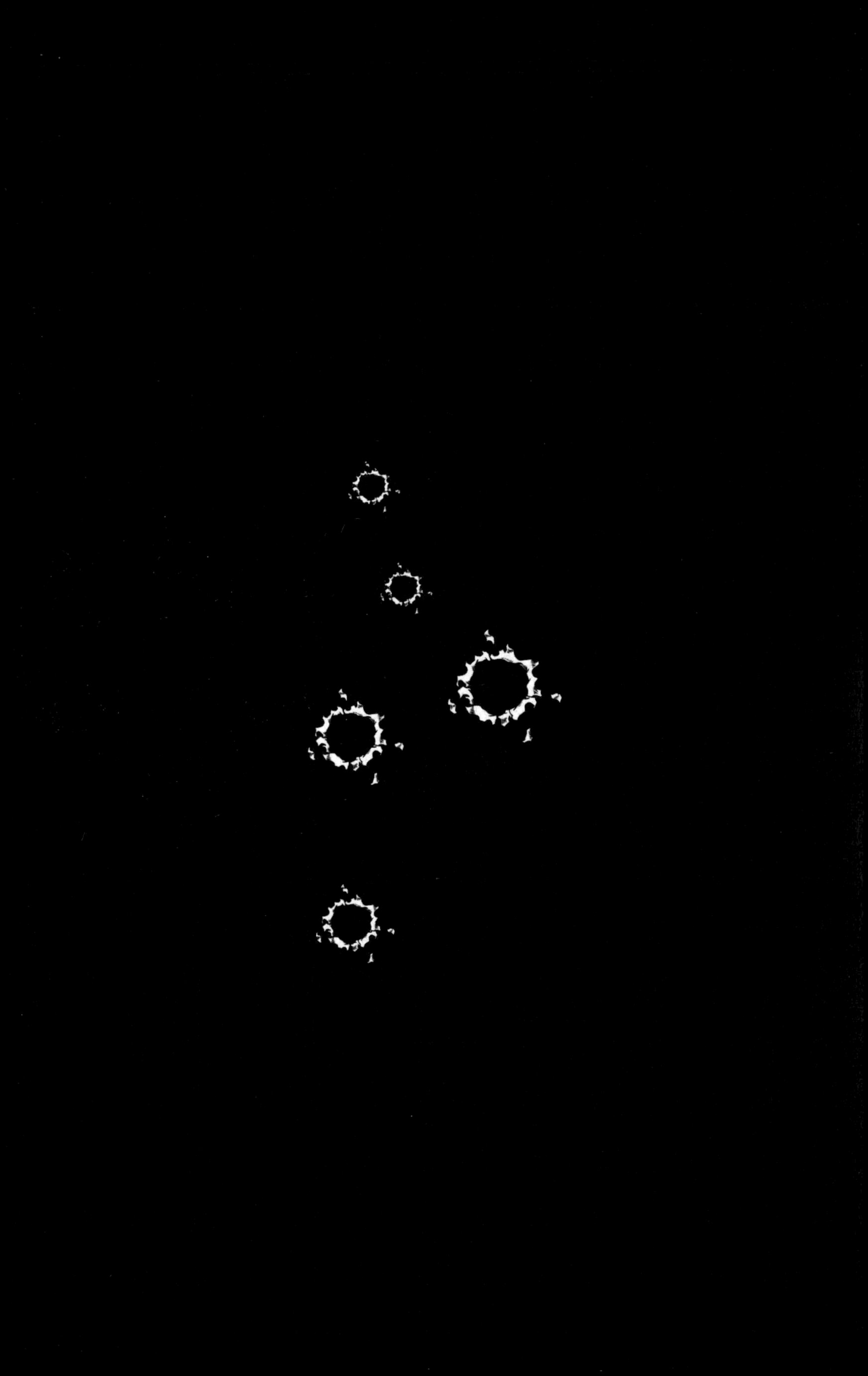

LUFTBALLON-GEMETZEL

Manche Menschen schaffen es einfach, deinen Puls in Rekordzeit zu beschleunigen: Die Kollegin, die immer deine Ideen wiederholt – nur lauter. Der Typ vor dir in der Schlange, der jetzt seine Münzsammlung sortiert. Die Bekannte, die „nur mal nachfragt", ob du immer noch Single bist.

Hier kommt ein Ventil, das ganz ohne Streit, Diskussion oder Konsequenzen funktioniert:

Schreib die Wünsche dieser Personen in die Luftballons.

Dann nimm einen spitzen Stift.

Und plopp.

Noch einen. Plopp.

Und noch einen.

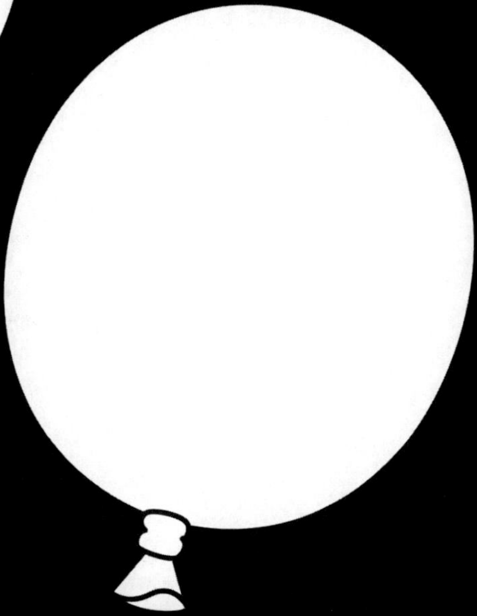

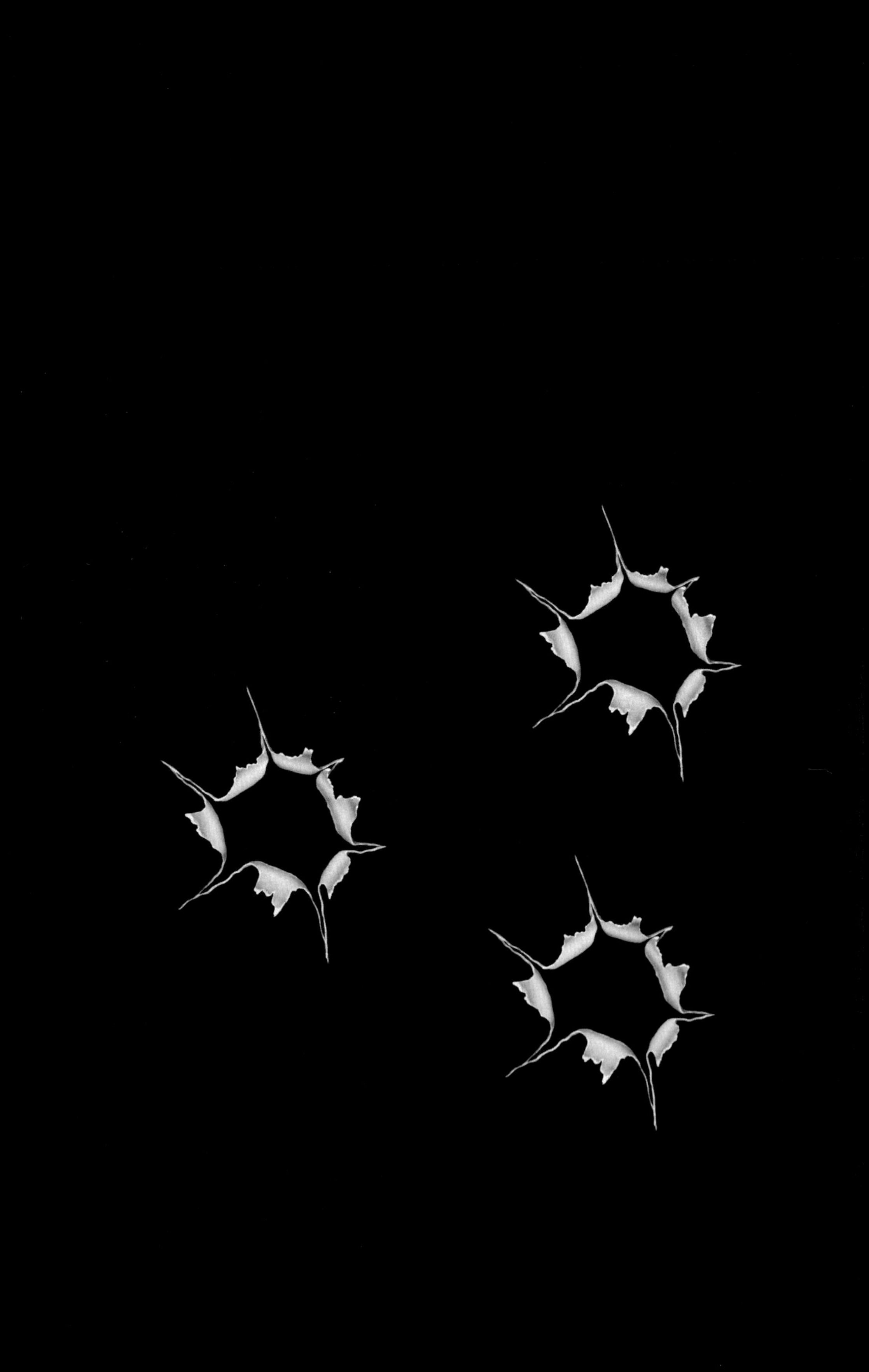

STRESSFLIEGER

Du bist wieder einmal kurz davor, in die Luft zu gehen? Warte! Diese Seite erledigt das gerne für dich. Falte sie zu einem Papierflieger und stell dir vor, der Flieger trägt all die Dinge, die dich heute genervt haben. Jetzt wirf den Flieger mit voller Kraft so weit weg wie du nur kannst. Es ist okay, wenn er irgendwo im Matsch landet.

REIß-SEITEN-SESSION

Diese Seite ist dein persönlicher Stressabbauplatz. Reiß sie in so viele kleine Stücke, wie du willst.

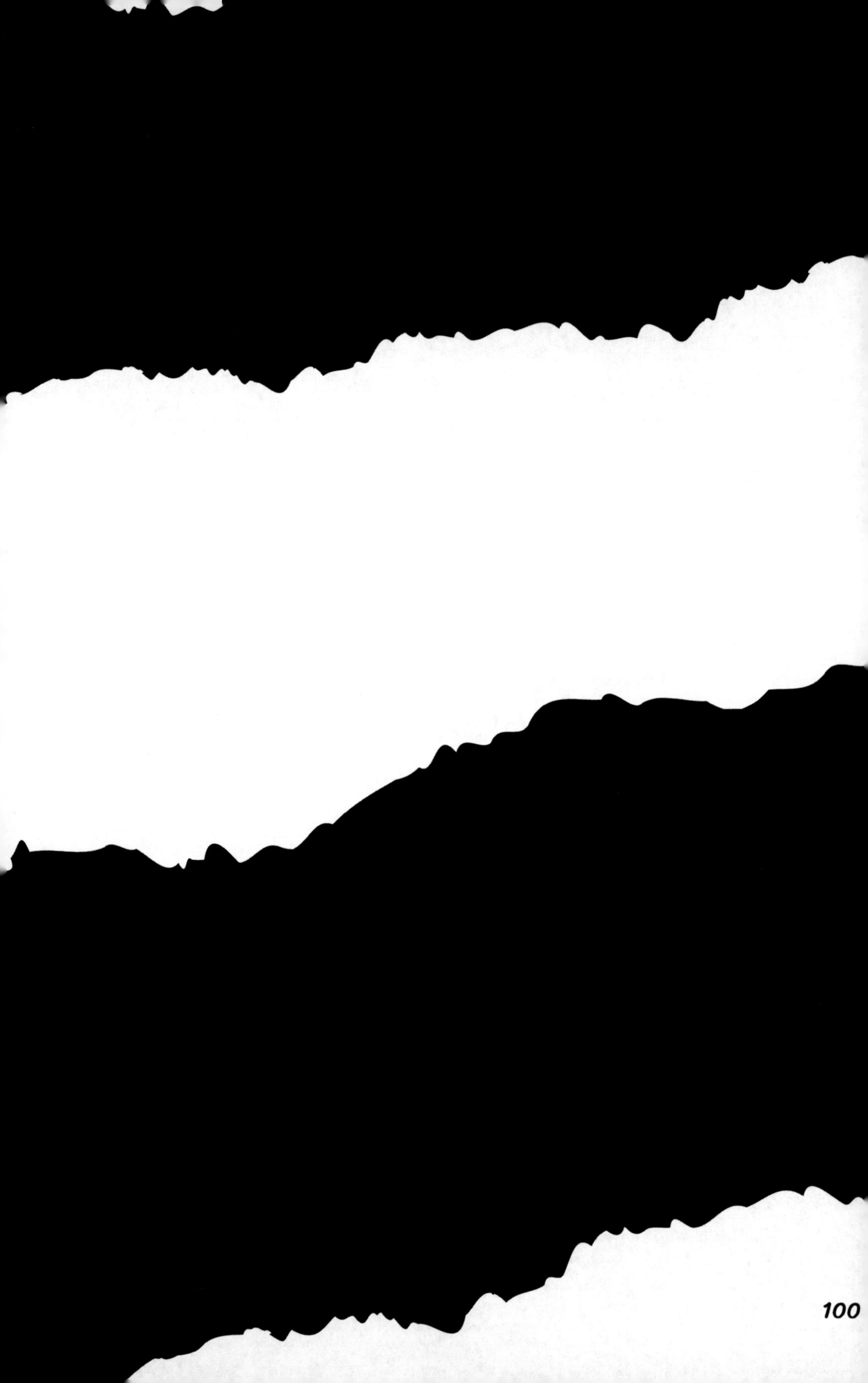

DEIN GEDULDSFADEN

Schneide entlang der Linie aus und stell dir vor, du hältst nun deinen Geduldsfaden in den Händen. Ja, ähnlich fragil wie der dünne Papierstreifen ist er auch bei dir. Betrachte ihn kurz und zerreiße ihn dann in viele kleine Teile. Ein kleiner Reminder, dass es völlig normal ist, dass im Alltagschaos auch mal der Geduldsfaden reißt!

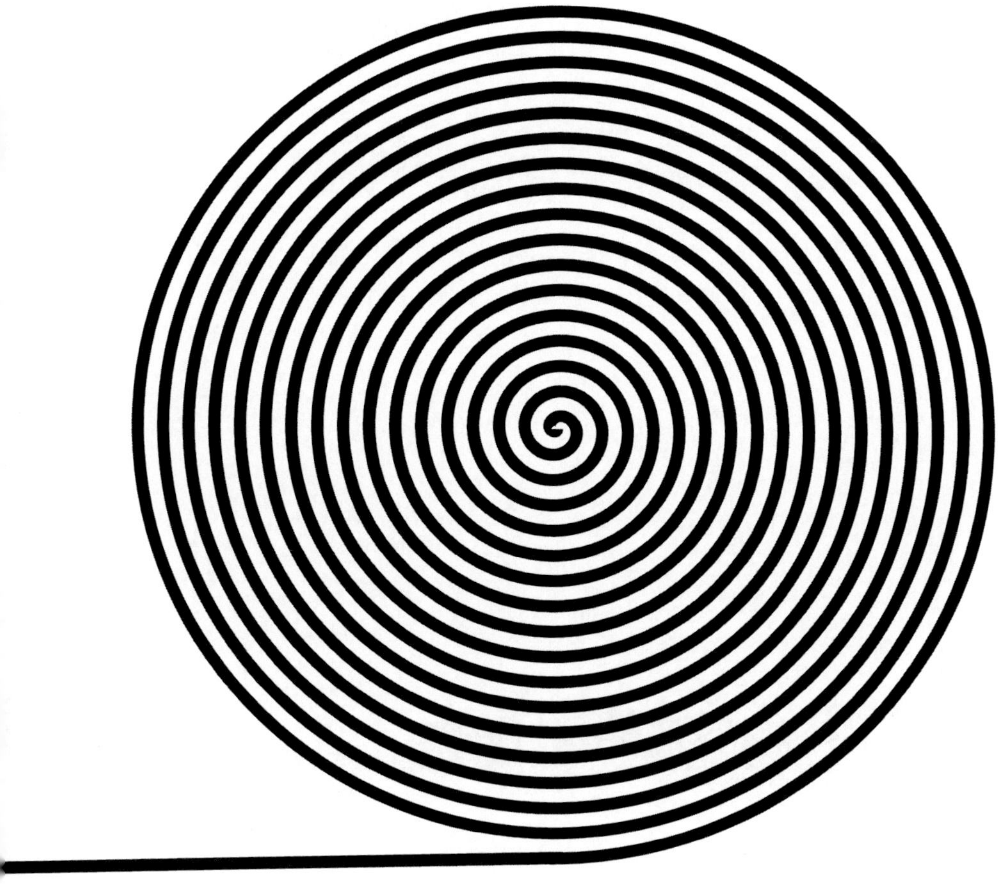

DIE VERFLUCHTE SEITE

Der peinliche Mikrofon-Fail beim Videocall mit dem halben Unternehmen? Das unbeabsichtigte „Gefällt mir“ beim Scrollen durch das Instagram-Profil deines Ex um 2:13 Uhr morgens? Das panische Verstecken hinter einem Regal, weil du jemanden gesehen hast, mit dem du auf gar keinen Fall Smalltalk führen wolltest?

Es gibt Momente, da wünschst du dir ein internes „Gedächtnis löschen“-Knöpfchen. Schreib deine persönlichen Alltagskatastrophen auf – die richtig unangenehmen, die still traumatischen, die zum Fremdschämen absurden.
Streich sie dick und fett durch.
Verfluche diese Seite.
Und dann: Zerstöre sie.
Knick sie. Reiß sie. Zerkratz sie. Zerreiß sie.

SCHNIPP, SCHNAPP!

Ob gerade Linien, Wellenlinien, Zickzack – oder auch einfach wild drauf los... Zerschnippel diese Seite!

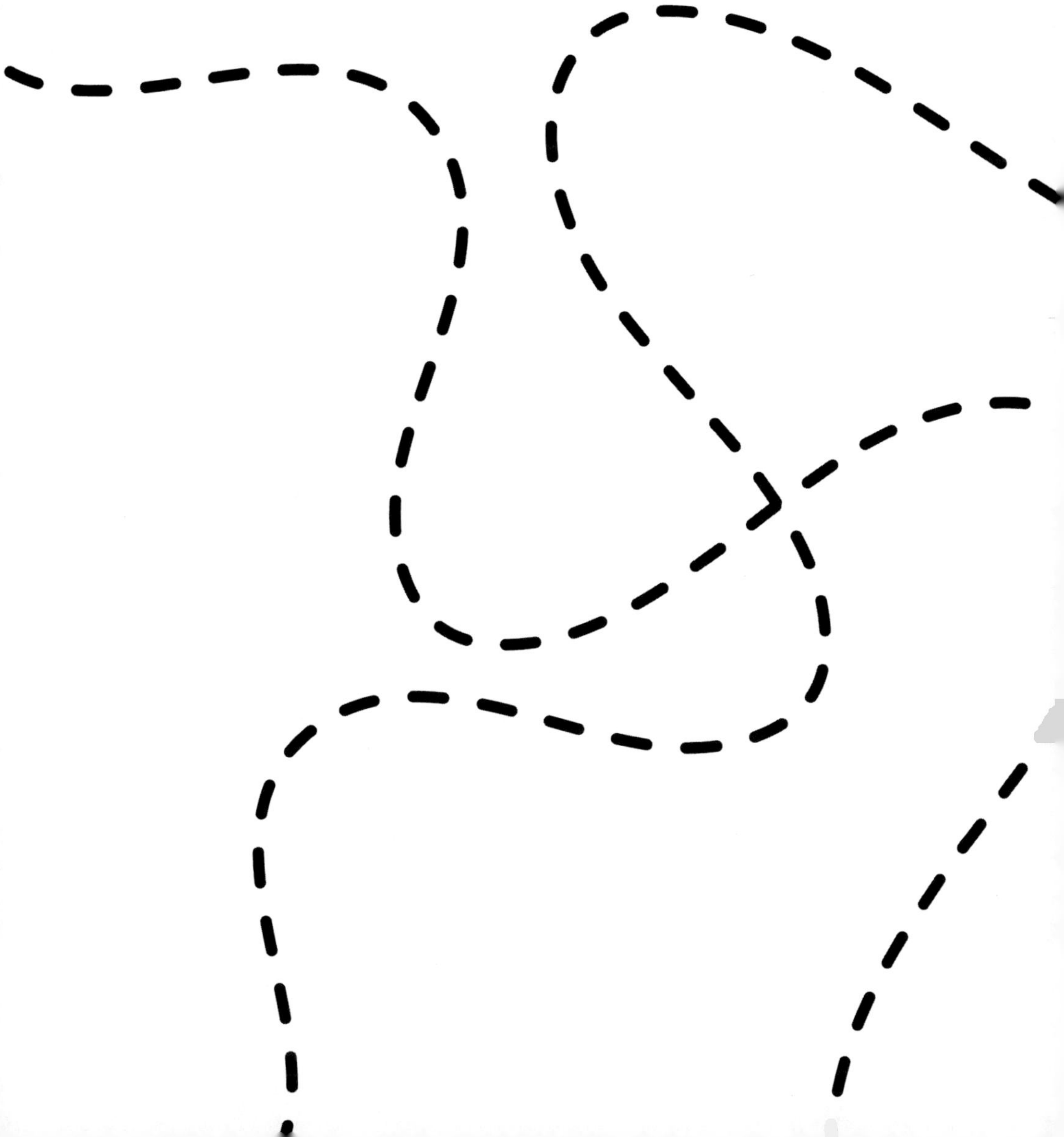

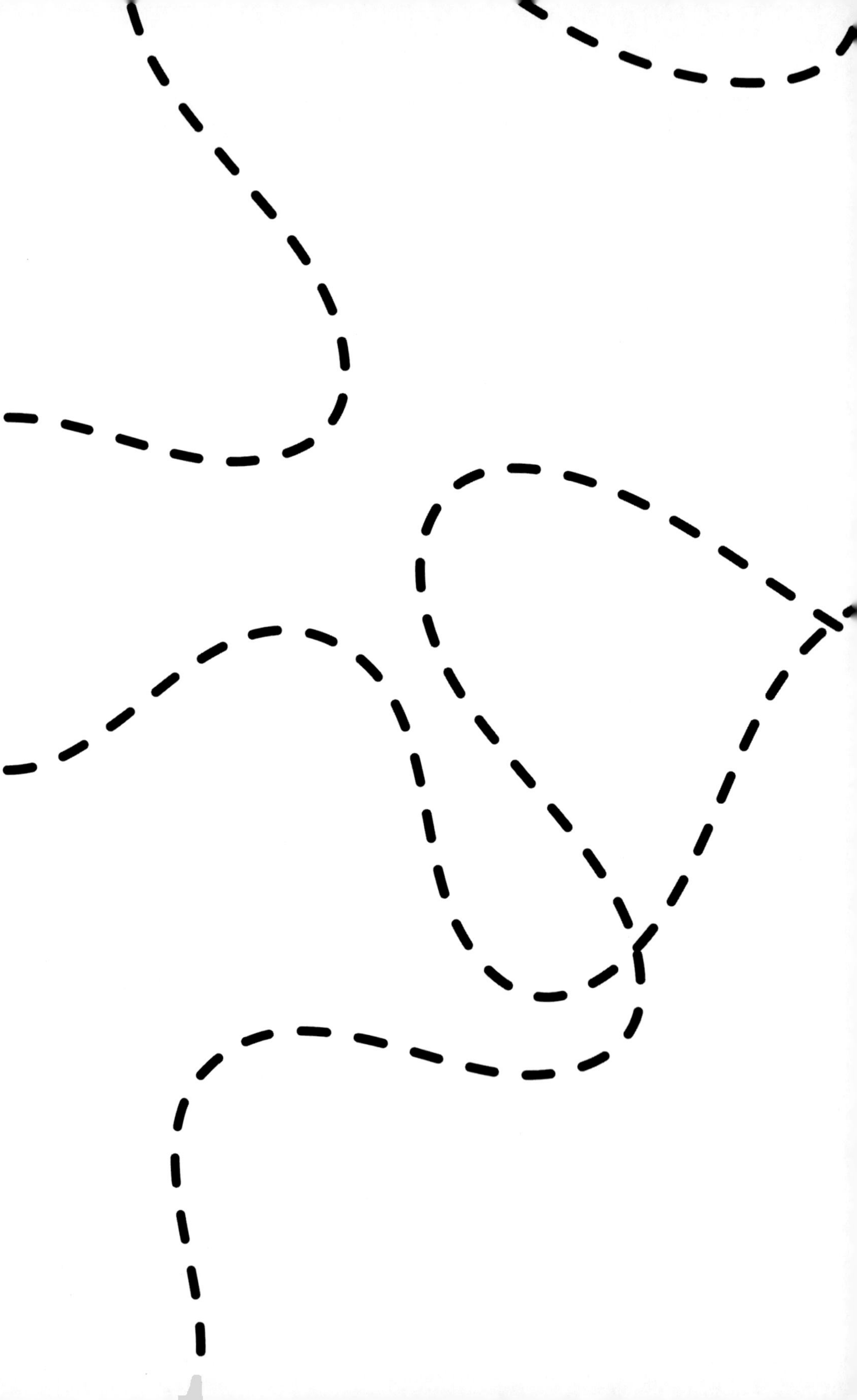

LÖSUNGEN

Seite 13

S	C	H	X	W	V	V	M	Y	P	L	A	M	L	K	T	A	U	T
L	K	S	D	**C**	V	D	H	M	R	U	D	I	J	F	Y	R	E	H
C	Y	C	B	**H**	U	S	Q	F	X	O	E	T	G	K	T	**K**	O	L
V	S	M	T	**A**	Y	E	S	E	C	O	P	I	P	K	R	**R**	P	Y
M	K	H	C	**O**	G	C	J	J	Y	H	M	P	R	S	X	**Ü**	A	X
J	M	P	R	**S**	V	U	X	K	B	M	Q	L	Q	N	R	**M**	C	Q
E	A	L	N	F	L	Y	J	O	W	V	O	F	O	M	S	**E**	Z	M
D	U	V	L	X	C	O	K	E	E	Y	O	J	G	Q	D	**L**	P	J
L	U	C	I	N	W	Y	**M**	**Ü**	**L**	**L**	**B**	**E**	**R**	**G**	N	**S**	W	N
C	P	N	C	Y	J	Y	V	E	J	O	S	K	P	A	L	**C**	S	P
T	J	K	M	X	U	F	E	S	Z	L	X	G	D	V	J	**H**	T	O
B	**S**	**O**	**A**	**H**	**C**	**E**	**H**	**C**	**S**	**A**	**W**	Q	Z	E	R	**L**	V	B
J	**S**	**O**	**C**	**K**	**E**	**N**	**M**	**O**	**N**	**S**	**T**	**E**	**R**	W	E	**A**	E	F
B	I	R	J	Y	B	Y	V	T	V	R	R	R	N	J	T	**C**	C	V
H	G	W	N	Y	**P**	**U**	**T**	**Z**	**A**	**T**	**T**	**A**	**C**	**K**	**E**	**H**	E	E
C	**E**	**K**	**L**	**O**	**W**	**B**	**U**	**A**	**T**	**S**	E	Y	T	H	N	**T**	D	B
P	N	U	E	**R**	**E**	**T**	**S**	**N**	**O**	**M**	**N**	**E**	**K**	**C**	**E**	**L**	**F**	E
N	D	E	Y	E	T	T	I	N	O	H	I	R	U	G	J	Q	M	G
I	V	U	Y	S	U	U	C	R	U	Q	C	C	X	W	C	D	B	U

Seite 20

Seite 35

Womit machte ein Bär in Kalifornien Schlagzeilen?
C) Er spazierte durch einen Supermarkt und klaute Popcorn

Wie viele Liter Kaffee trinkt eine durchschnittlicher Deutsche*r pro Jahr?
C) 166 Liter

Was wurde laut einer Harvard-Studie als besonders effektiv gegen Prokrastination eingestuft?
C) Ein leerer Tisch ohne Ablenkung

Seite 36

Seite 62

F	W	R	U	W	W	R	O	X	N	C	C	U	T	M	U	E
G	E	S	E	E	V	X	I	V	L	M	A	R	N	P	L	R
N	S	I	C	T	M	S	M	F	V	R	D	L	E	S	F	D
U	X	C	E	H	T	A	L	A	S	L	E	B	A	K	W	P
R	H	A	H	R	L	E	R	M	V	I	P	L	U	I	Z	P
E	N	C	T	L	A	U	W	K	E	E	P	R	K	K	H	X
A	C	E	O	Y	A	B	E	L	R	I	R	Q	T	R	R	O
L	T	A	J	L	Y	N	E	S	E	E	H	I	V	V	C	N
K	C	A	N	W	N	P	G	N	S	D	I	L	L	K	S	V
R	L	S	T	U	K	E	I	E	D	E	D	P	Q	K	Q	H
E	C	B	Z	A	P	D	K	X	S	V	L	U	A	A	H	V
R	Z	G	R	P	G	D	U	C	A	T	E	S	M	P	T	J
E	N	T	A	Z	C	O	A	R	O	I	E	R	U	H	I	I
U	E	Z	N	J	W	C	G	X	K	S	B	H	K	C	C	X
E	F	A	H	R	R	A	D	P	A	N	N	E	E	E	H	S
T	A	B	A	D	Z	E	Q	V	S	D	J	V	I	N	H	E
S	N	K	Z	O	N	K	C	U	P	M	U	X	Z	C	Q	R

Seite 64

Was passiert, wenn man eine Rosine in ein Glas Sprudelwasser legt?
C) Sie tanzt auf und ab wie ein verrückter Partygast

Welcher Gegenstand ist in Island so heilig, dass Bauprojekte oft darum herum geplant werden?
C) Ein Felsen, weil dort angeblich Elfen wohnen

Was wird in Japan häufig zur Entspannung im Büro verwendet?

A) Mini-Teezeremonien

Seite 66

1. AZPIZ - Pizza
2. DUENNL - Nudeln
3. ISCSHENCÄBTHF - Fischstäbchen
4. SHTLZENIC - Schnitzel
5. SOADLOEKCH - Schokolade
6. MEMPSO - Pommes

Seite 79

Dieses Buch wurde in Übereinstimmung mit den GPSR-Richtlinien der EU zur Sicherheit von Produkten erstellt.

Die Verordnung über die allgemeine Produktsicherheit ist der aktualisierte Rahmen der Europäischen Union, um sicherzustellen, dass alle Verbraucherprodukte, einschließlich Bücher, für Verbraucher sicher sind.

Dieses Buch wurde von CPI books GmbH gedruckt. Der Drucker hat Sicherheitszertifikate für die verwendeten Materialien wie Tinte, Papier und Kleber ausgestellt.

Die Produktkennung ist: 9789403838090

Der Autor ist für den Inhalt des Buches verantwortlich und hat das Buch von Bookmundo produzieren lassen.

Sollten Sie Fragen zur Sicherheit des Produkts haben, kontaktieren Sie uns bitte.

Bookmundo
Delftsestraat 33
3013AE Rotterdam
Die Niederlande
info@bookmundo.com

FSC
www.fsc.org
MIX
Papier | Fördert
gute Waldnutzung
FSC® C083411

Zeitfracht Medien GmbH
Ferdinand-Jühlke-Straße 7
99095 Erfurt, Deutschland
produktsicherheit@kolibri360.de